Gottfried Wilhelm Leibniz

Monadologie

Die erste deutsche Übersetzung
von Heinrich Köhler von 1720

Gottfried Wilhelm Leibniz: Monadologie. Die erste deutsche
Übersetzung von Heinrich Köhler von 1720

»Eclaircissement sur les Monades«, 1714. Hier in der deutschen
Übersetzung von Heinrich Köhler, 1720.

Neuausgabe mit einer Biographie des Autors
Herausgegeben von Karl-Maria Guth
Berlin 2017

Umschlaggestaltung von Thomas Schultz-Overhage unter Verwendung
des Bildes: Christoph Bernhard Francke, Bildnis des Philosophen
Gottfried Wilhelm Freiherr von Leibniz, um 1695

Gesetzt aus der Minion Pro, 11 pt

Verlag: Henricus - Edition Deutsche Klassik GmbH
Mörchinger Str. 33, 14169 Berlin, info@henricus-verlag.de
Druck: Libri Plureos GmbH, Friedensallee 273, 22763 Hamburg

ISBN 978-3-7437-0802-0

Bibliografische Information der Deutschen Nationalbibliothek

Die Deutsche Nationalbibliothek verzeichnet diese Publikation in der
Deutschen Nationalbibliografie; detaillierte bibliografische Daten sind
im Internet über www.dnb.de abrufbar.

Des Herrn

Baron von Leibnitz

Lehr-Sätze von den Monaden

von der Seele des Menschen,

von seinem Systemate harmoniae praestabilitae

zwischen der Seele und dem Körper,

von GOtt, seiner Existenz,

seinen andern Vollkommenheiten

und von der Harmonie zwischen dem Reiche,

der Natur und dem Reiche der Gnade.

§ 1

Die *Monaden*[1] / wovon wir allhier reden werden / sind nichts anders als *einfache* Substanzen / woraus die zusammen gesetzten Dinge oder composita bestehen. Unter dem Wort / *einfach* / verstehet man dasjenige / welches keine Teile hat.

§ 2

Es müssen dergleichen einfache Substanzen sein, weil composita vorhanden sind; denn das *Zusammengesetzte* ist nichts anders als eine Menge oder ein Aggregat von einfachen Substanzen.

§ 3

Wo nun keine Teile vorhanden sind / daselbst kann auch weder eine Ausdehnung in die Länge / Breite und Tiefe / noch eine Figur / noch eine Zerteilung möglich sein. Und diese Monaden sind die wahrhaften Atomi der Natur und mit einem Worte / die *Elemente derer Dinge*.

---

[1] Das Worte *Monade* oder Monas, hat bekannter maßen seinen Ursprung aus dem Griechischen, und bedeutet eigentlich *Eines*. Man hat das Wort behalten, weil man vornehme Gelehrte zu Vorgänger hat, die die Kunst-Wörter der Kürze wegen behalten und mit einer teutschen Endigung nach der Gewohnheit der Engelländer und Franzosen gleichsam naturalisieren. Wenn man die Worte Serenaden, Cantaten, Elemente und dergleichen unzählige mehr in der teutschen Sprache beibehält, ohngeachtet es frembde Wörter sind; so habe ich geglaubet, daß es nicht inconvenient gehandelt sei, wenn ich mich um der Kürze willen des Worts, *Monade*, und anderer dergleichen Kunst-Wörter bediente. Viele Dinge scheinen Anfangs ungereimet, weil sie noch nicht gewöhnlich sind; ich halte aber davon, daß das ungewöhnliche, wenn es eine vernünftige Ursache zum Grunde hat, nicht für ungereimt könne gehalten werden.

§ 4

Gleichergestalt ist auch bei denenselben keine dissolution zu befürchten; noch weniger kann man sich eine Manier gedenken / nach welcher eine einfache Substanz natürlicher Weise untergehen könnte.

§ 5

Um eben dieser Ursache willen kann man keine Art und Weise begreifen / wie eine einfache Substanz natürlicher Weise einen Anfang nehmen könne; weil sie durch die Zusammensetzung oder Composition nicht kann hervorgebracht werden.

§ 6

Man kann also sagen / daß die Monaden nicht anders anfangen oder aufhören können zu sein was sie sind / als auf einmal oder in einem Augenblick / das ist / sie können nicht entstehen als durch die Schöpfung / und nicht untergehen als durch die völlige Zernichtung / da hingegen dasjenige / welches aus andern Dingen zusammen gesetzet ist / vermöge der Teile einen Anfang oder Ende nimmt / wornach dieselben entweder zusammen gesetzet oder von einander getrennet worden.

§ 7

Es ist auch kein Mittel vorhanden / wodurch man zuerklären vermögend wäre / wie eine Monade in ihrem innerlichen Wesen durch eine andere Kreatur könnte alteriret oder verändert werden; weil man in derselben nichts versetzen / noch einige innerliche Bewegung begreifen kann / welche darinnen erreget / dirigiret / vermehret oder vermindert werden könnte; gleichwie sich dieses in denen zusammengesetzten Dingen gedenken läßt / allwo unter denen Teilen eine Veränderung vorgehet. Die Monaden haben keine Öffnungen / wodurch etwas in dieselben hineintreten oder aus ihnen herausgehen könnte. Die Accidentia können sich von denen Substanzen nicht absondern / noch aus denenselben heraus weichen / dergleichen in vorigen Zeiten die Species sensibiles nach der Meinung der Scholastiker tun konnten. Dahero ist weder eine Substanz / noch ein Accidens vermögend / von außen in eine Monade hinein zutreten.

§ 8

Unterdessen müssen die Monaden gewisse Eigenschaften haben / denn sie sonst keine Entia oder würklichen Dinge wären. Und wenn die einfachen Substanzen in Ansehung ihrer Eigenschaften nicht von einander unterschieden wären, so würde kein Mittel vorhanden sein / wodurch man in denen Dingen einige Veränderung wahrnehmen könnte; weil dasjenige / welches in einem composito ist und vorgehet / nirgends anders als von denen in ihnen befindlichen simplicibus herkommen kann; und wenn die Monaden keine Eigenschaften hätten / so würde eine von der andern nicht unterschieden sein / zumal da man auch der Größe oder Quantität nach keinen Unterscheid unter ihnen antrifft; und folglich / wenn man den mit andern Dingen angefülleten Raum supponieret / würde ein jeder Ort bei entstehender Bewegung allezeit nur ein aequivalent vor dasjenige / was er bereits gehabt und in sich gefasset hat / bekommen; und solchergestalt würde man keinen Zustand der Dinge von einem andern Zustande derselben unterscheiden können.

§ 9

Es muß aber auch ein Unterscheid sein / den eine jedwede Monade von einer andern hat. Denn es gibt niemals in der Natur zwei Dinge / deren eines vollkommen so beschaffen wäre / wie das andere / und allwo es nicht möglich wäre / einen innerlichen Unterscheid / oder einen solchen / welcher sich auf einen innerlichen Vorzug oder Herrschaft (dominatio) gründet / zufinden.

§ 10

Ich nehme auch / als etwas unstreitiges an / daß ein jedwedes erschaffenes Wesen und folglich auch die erschaffene Monade der Veränderung unterwürfig sei; ja daß sotane Veränderung in einer jeden auf eine unverrückte und ununterbrochene Weise fort daure.

§ 11

Es folget aus dem bereits beigebrachten Satze / daß die natürlichen Veränderungen derer Monaden von einem innerlichen Principio herrühren; weil eine äußerliche Causa in ihr Innerliches keinen Einfluß haben kann. Und man kann überhaupt sagen / daß die Kraft (vis) nichts anders sei / als eben das Principium der Veränderungen.

§ 12

Es muß aber auch außer diesem Grunde / woraus die Veränderungen erfolgen / noch etwas mehreres / welches von einander unterschieden ist und sich verändert / in einer Monade angetroffen werden / wodurch / so zu reden / die verschiedene und mannichfaltige Arten der einfachen Substanzen entstehen.

§ 13

Dieses detail muß vieles in einem oder in dem einfachen in sich fassen. Denn da alle natürliche Veränderung nach gewissen Graden geschiehet / so wird etwas verändert und etwas bleibet übrig; und folglich müssen viele Eigenschaften und Relationen in einer Monade vorhanden sein / obgleich dieselbe gar keine Teile an sich hat.

§ 14

Der veränderliche Zustand / welcher eine Vielheit in dem einem oder in dem einfachen in sich fasset und vorstellet / ist nichts anders als dasjenige / welches man die *Empfindung* oder Perception nennet / die man von der Apperception oder von *dem Bewußt sein* wohl unterscheiden muß / wie solches aus dem folgenden erhellen wird. Und hierinnen haben die Cartesianer sehr verfehlet / wann sie die Perceptiones oder Empfindungen / derer man sich nicht bewußt ist und welche man nicht wahrnimmet / vor nichts gehalten haben. Dieses hat sie auch bewogen / zu glauben / daß die Spiritus oder Geister alleine unter die Zahl der Monaden gehöreten / und daß gar keine Seelen der unvernünftigen Tiere / oder andere entelechiae wären; um eben dieser Ursache willen ist es geschehen / daß sie einen Zustand / da man lange sinnlos und ohne einzige Empfindung lieget / mit dem Tode / wenn er im genauen Verstande genommen wird / nach der Meinung des gemeinen Haufens verwirret haben / und ebenfalls in das Scholastische Vorurtheil von denen völlig Körper-losen Seelen geraten sind / überdieses auch hierdurch die verkehrten und übelgesetzten Gemüter in der Meinung bestärket haben / als wenn die Seelen sterblich wären.

§ 15

Und die action oder die Tätigkeit des innerlichen principii, welches die Veränderung oder den Fortgang von einer Perception zur andern verursachet / kann *appetition* oder die *Begierde* genennet werden. Es kann zwar der appetit zu einer jedweden perception, wornach er strebet / nicht allezeit völlig gelangen; er erhält oder gewinnet aber doch allezeit etwas davon / und gelanget zu gewissen neuen Perceptionen.

§ 16

Die Erfahrung lehret uns selbst / daß vielerlei Dinge in der einfachen Substanz an getroffen werden / wenn wir befinden / daß die geringste Gedanke / dessen wir uns bewußt sind / eine Mannichfaltigkeit in der Sache / welche darinnen vorgestellet und gleichsam abgeschildert wird / in sich fasse. Dahero alle diejenigen / welche bekennen / daß die Seele eine einfache Substanz sei / auch diese Vielheit oder Mannigfaltigkeit in denen einfachen Substanzen zugestehen müssen; wie dann Herr Bayle nicht Ursache hatte / hierinnen eine Schwierigkeit zu finden / dergleichen er in seinem Dictionario unter dem Articul, Rorarius, getan hat.

§ 17

Man ist außerdem genötiget zu bekennen daß die perception und dasjenige / was von ihr dependieret / auf mechanische Weise / das ist / durch die Figuren und durch die Bewegungen / nicht könne erkläret werden. Und erdichteten Falls / daß eine Machine wäre / aus deren Structur gewisse Gedanken / Empfindungen / Perceptionen erwüchsen; so wird man dieselbe denkende Machine sich concipieren können / als wenn sie ins große nach einerlei darinnen beobachteter Proportion gebracht worden sei / dergestalt daß man in dieselbe / wie in eine Mühle / zugehen vermögend wäre. Wenn man nun dieses setzet / so wird man bei ihrer innerlichen Besichtigung nichts als gewisse Stücke / deren eines an das andere stosset / niemals aber etwas antreffen / woraus man eine Perception oder Empfindung erklären könnte. Dahero muß man die Perception in der einfachen Substanz / und keines weges in dem Composito oder in der Machine suchen. Man kann auch in denen einfachen Substanzen nichts als dieses / nämlich die Empfindungen und ihre Veränderungen finden. Auch hierinnen alleine können alle die *innerlichen Actiones* derer Monaden bestehen.

§ 18

Es könnten alle diese einfache Substanzen oder erschaffene Monaden / Entelechiae, genennet werden. Denn sie besitzen eine gewisse Vollkommenheit in sich / (εχουσι το εντελες) sie haben eine Suffisance, (αυταρκεια) oder dasjenige / was sie zur Vollziehung ihrer Würkungen nötig haben / und welches verursachet / daß sie die Quelle ihrer innerlichen Actionen und / so zu reden / unkörperliche automata sind.

§ 19

Wenn wir alles dasjenige / welches *Perception* und *Appetit* hat / nach dem jetzterklärten allgemeinen Verstande eine Seele nennen wollen; so können alle einfache Substanzen oder erschaffene Monaden Seelen genennet werden; gleichwie aber das sentiment oder der Gedanke etwas mehr als eine bloße perception ist; so bin ich darinnen übereinstimmig / daß der allgemeine Name / (Monaden und Entelechiae) für die einfachen Substanzen /welche nur alleine die Empfindung haben / zureichend sei: und daß man nur denenjenigen / deren perception viel distincter oder deutlicher und mit Gedächtnis verknüpft ist / den Namen / *Seele* / beilege.

§ 20

Denn wir nehmen durch die Erfahrung bei uns selbst einen Zustand wahr / worinnen wir uns keiner Sache erinnern und da wir gar keine deutliche perception oder Vorstellung haben / welches z. e. geschiehet / wenn wir in eine Ohnmacht sinken oder in einen sehr tiefen Schlaf verfallen / darbei wir aber keinen Traum verspüren. Bei diesen Umständen findet man zwischen der Seele und einer bloßen Monade keinen merklichen Unterscheid; weil aber dieser Zustand nicht fortdaurend ist und die Seele sich aus demselben wieder herausziehet / so ist sie etwas mehr als eine bloße Monade.

§ 21

Es folgt aber hieraus keines weges / daß die einfache Substanz alsdenn ohne die geringste perception sei. Dieses kann auch vermöge der angeführten Ursachen nicht anders sein / denn sie weder völlig untergehen / noch in ihrem Wesen verbleiben kann / da nicht auch zugleich eine gewisse Veränderung / welche nichts anders als ihre perception ist / in ihr vorgehen sollte: wann aber eine große Menge von kleinen Empfindungen / worunter man keine von der andern unterscheiden kann /zusammen kommt; so wird man Sinn- und Empfindungs-los

/ wie es dann geschiehet / daß / wenn man sich vielmal hinter einander ohne Absetzen herumdrehet / uns ein Schwindel überfällt / welcher verursachen kann / daß uns die Sinnen verschwinden und daß wir nichts von einander distinguieren können. Und der Tod kann die Tiere auf eine Zeitlang in einen solchen Zustand versetzen.

§ 22

Und gleichwie ein jeder gegenwärtiger Zustand einer einfachen Substanz natürlicher Weise eine Folge aus ihrem vorhergehenden Zustande ist / dergestalt daß das Gegenwärtige ein Inbegriff des künftigen ist; so muß man folglich / weil man nach der Überwindung eines dergleichen verwirrten und Sinn-losen Zustandes seine Empfindungen und perceptionen wiederum wahrnimmet / dergleichen schon unmittelbar vorher gehabt haben / ob man sich gleich derselben nicht bewußt ist. Denn eine perception kann natürlicher Weise nur aus einer andern perception entspringen / gleichwie eine Bewegung natürlicher Weise nur aus einer andern Bewegung erwachsen kann.

§ 23

Hieraus ersiehet man / daß / wenn wir in unsern Empfindungen nichts von einander unterscheiden und nichts finden können / welches / so zu reden / vor dem andern erhaben und von einem höhern goût wäre / wir allezeit in dem Verwirrungsvollen Zustande sein würden / als worinnen sich die ganz bloßen Monaden befinden.

§ 24

Wir nehmen auch wahr / daß die Natur denen Tieren dergleichen perceptiones gegeben / darunter eine vor der andern erhaben und kenntlich ist / und zwar vermöge der Sorgfalt / so sie erwiesen / da sie ihnen solche organa beigeleget hat / welche viele Strahlen des Lichtes oder viele undulationes der Luft zusammen fassen / um sie dadurch in den Stand zu setzen / daß sie durch die Vereinigung der

Strahlen und der undulationen einen desto stärkern und lebhaftern Eindruck von denen äußerlichen in der Welt sich befindenden Dingen empfangen mögen. Es ist auch etwas gleichförmiges in dem Geruch / in dem Geschmack / in dem Gefühle und vielleicht in vielen andern Sinnen / so uns bis dato unbekannt sind; und ich werde bald erklären / wie dasjenige / so in der Seele vorgehet / dasjenige vorstellet / welches sich in denen Gliedmaßen der Sinnen eräuget.

§ 25

Das Gedächtnis gibt denen Seelen eine speciem consecutionis, das ist / einiges Vermögen / sich den Erfolg der Dinge auf einander vorzustellen. Hierinnen ahmet das Gedächtnis der Vernunft nach / welche aber von demselben muß unterschieden werden. Wir erfahren / daß die Tiere / bei vorfallender perception von einer Sache / die ihnen in die Sinne fällt / und wovon sie vordeme bereits dergleichen Empfindung schon gehabt haben / kraft der Vorstellung ihrer Memorie dasjenige erwarten / welches mit dieser vorhergehenden perception ist verknüpfet gewesen / und zugleich auf solche Vorstellungen geraten / welche denen zu anderer Zeit gehabten sentimens ähnlich sind. Wenn man z. e. denen Hunden den Stock zeiget / so erinnern sie sich des Schmerzens / den sie hiervon vordem empfunden / worauf sie zu schreien oder die Flucht zunehmen pflegen.

§ 26

Und die heftige Einbildung oder imagination, welche in sie so lebhaftig würket und sie in eine Bewegung bringet / erwächset entweder aus der Stärke oder Größe / oder aus der Menge der vorhergehenden Empfindungen. Denn eine starke impression tut öfters auf einmal eben so viele Würkung / als eine lange Gewohnheit oder viele mittelmäßige / anbei aber oftmals wiederholte Empfindungen zu tun vermögend sind.

§ 27

Die Menschen agieren wie die ohne Vernunft lebende Tiere / in so weit ihre perceptionen bloß vermöge des principii des Gedächtnisses auf einander erfolgen und sie sich in ihren actionen darnach richten / wie die empirischen Medici, welche eine bloße praxin ohne theorie haben; wie wir dann in drei vierteilen unserer Verrichtungen uns auf empirische Art auffführen. Auf dergleichen Art geschiehet es / daß wann man erwartet / daß es morgen Tag sein werde / man hierinnen empirisch handelt; weil dieses allezeit bishero so eingetroffen hat. Es verfähret diesfalls keiner nach der Vernunft als ein Sternkundiger.

§ 28

Die Einsicht aber derer schlechterdings notwendigen und ewigen Wahrheiten ist dasjenige / welches uns von denen bloßen Tieren unterscheidet und verursachet / daß wir die *Vernunft* und die *Wissenschaften* haben / indem sie uns zu der Erkenntnis GOttes und unserer selbst führet und erhebet. Und eben dieses ist es / welches man in uns *Vernünftige Seele* oder *Geist* nennet.

§ 29

Eben durch die Erkenntnis der notwendigen Wahrheiten und durch ihre abstractionen werden wir zu denen *actibus reflexivis* oder zu dem *Nachdenken* erhöhet / wodurch wir in Stand gesetzet werden / an dasjenige / welches man das *Ich selbst* nennet / zugedenken und zu betrachten / daß dieses oder jenes in *uns* ist: dahero geschiehet es / daß / wenn wir an uns gedenken / wir auch von dem Ente, von der Substanz / von dem Einfachen und von dem zusammengesetzten / von dem unmateriellen und von GOTT selbsten Gedanken haben / indem wir concipieren / daß dasjenige / welches in uns umschränket ist / in ihme ohne einzige Umschränkung angetroffen werde; und diese reflectiven Actus oder diese Kräfte nachzusinnen geben uns die Haupt-Objekte von unseren Vernunft-Schlüssen an die Hand.

§ 30

Unsere Schlüsse gründen sich auf zwei große Haupt-Wahrheiten / worunter die eine das Principium contradictionis oder *der Satz des Widerspruchs* ist / vermöge dessen wir urteilen / daß dasjenige / welches etwas widersprechendes in sich fasset / *falsch* / hingegen aber *wahr* sei / welches dem falschen gerade zuwider laufet oder entgegengesetzet ist.

§ 31

Die andere Haupt-Wahrheit ist *der Satz* des *zureichenden Grundes* oder das Principium rationis sufficientis, durch Hülfe dessen wir betrachten / daß keine Begebenheit wahrhaftig und würklich vorhanden / kein Satz echt oder der Wahrheit gemäß sein kann, wo nicht ein zureichender Grund sei / warum das Factum oder der Satz sich vielmehr so und nicht anders verhalte; ob gleich diese Gründe uns sehr öfters ganz und gar unbekannt sein können.

§ 32

Wann eine Wahrheit notwendig ist / so kann man hiervon die Raison durch die Analysin finden / indem man sie in die allersimpelsten Ideen und Wahrheiten zergliederet / bis man auf die allerersten Grund-Wahrheiten gelanget.

§ 33

Dahero werden bei denen Mathematicis die Lehr-Sätze / welche auf der bloßen Betrachtung des Verstandes beruhen und die praktischen Reguln nach der Analytischen Methode in Definitiones, Axiomata, und Postulata zergliedert.

§ 34

Es gibt endlich *simpele Idee* / wovon man keine Definition geben kann; und gleichergestalt findet man Axiomata und Postulata, oder mit einem Worte / gewisse principia primitiva oder *Stamm- Wahrheiten* / wovon man keinen Beweis geben kann / man auch desselben nicht vonnöten hat; und dieses sind die *Identischen Sätze*.

§ 35

Man muß aber auch die *Zulänglichkeit der Raison* in denjenigen Wahrheiten / welche auf zufälligen Umständen oder auf gewissen Begebenheiten beruhen / das ist / in der Suite oder in dem Zusammenhange derjenigen Dinge antreffen / welche sich in dem allgemeinen Umfang der Geschöpfe befinden / allwo die Zergliederung derer besonderen Raisons so weit zurücke laufen kann / daß man in derselben kein Ende und keine Schranken wahrnimmt / weil die Mannigfaltigkeit der Dinge in der Natur unermeßlich und die Zerteilung der Körper unendlich ist. Es sind unendliche Figuren und Bewegungen / wenn ich so wohl die gegenwärtigen als vergangenen zusammen nehmen soll / welche sich in die causam efficientem oder in die würkende Ursache meiner vorhabenden Schrift vermischen und ihren Einfluß haben. Es gibt auch unendlich viele kleine Triebe und Neigungen meiner Seele / welche so wohl gegenwärtig als vergangen sind / und welche in der Final-Ursache dieses meines Aufsatzes zusammen laufen.

§ 36

Und gleichwie diese ganze Zergliederung nur andere zufällige Dinge in sich fasset / welche vorhergehen oder sich noch mehr zergliedern lassen / und wovon eine jede einer gleichmäßigen Analytic vonnöten hat / wenn man von derselben Raison geben will; so ist man in dieser Zergliederung noch nicht viel weiter / vielweniger gar zu Ende gekommen. Es muß vielmehr die zulängliche oder allerletzte Raison außer der Suite oder außer dem Zusammenhange dieser unter sich verschiedenen zufälligen Dinge / ihre Zergliederung mag nun so unendlich fortgehen / wie sie immer wolle / befindlich sein.

§ 37

Dahero muß die allerletzte Raison derer Dinge in einer schlechterdings notwendigen Substanz verborgen sein / in welcher der Inbegriff so vieler unendlicher Veränderungen nur in gradu eminenti, als in seiner Quelle liegen muß. Diese Substanz nennen wir *Gott*.

§ 38

Da nun diese Substanz eine zureichende Raison ist von diesem ganzen Umfange / worinnen die unendlich mannichfaltigen Dinge mit einander ohne Ausnahme und auf das genaueste verknüpfet sind; *so ist nur ein einziger GOtt* / und dieses Göttliche Wesen ist zu allen diesen Dingen zureichend.

§ 39

Man kann auch urteilen / daß / weil diese allerhöchste / einzige / allgemeine und ewige Substanz nichts außer sich hat / welches von ihr nicht dependieren sollte / und über dieses eine simpele Suite derer möglichen Dinge ist / daß / sage ich / sotane Substanz auf alle Weise unumschränket sein und alle Realitäten, so nur immer möglich sind / in sich fassen müsse.

§ 40

Woraus dann folget / daß GOtt schlechterdings vollkommen sei; indem die *Vollkommenheit* nichts anders als die Größe der positiven Realität ist / wenn solche im genauen Verstande genommen wird; in so weit man die Schranken / worinnen sich die andern Dinge außer GOtt befinden / bei Seite setzet. Wo nun gar keine Schranken sind / wie wir solches in Gott befinden /daselbst muß die Vollkommenheit schlechterdings unendlich sein.

§ 41

Es folgt auch / daß die Geschöpfe ihre Vollkommenheit von dem Einfluß Gottes haben / und daß hingegen ihre Unvollkommenheiten von ihrer eigenen Natur / welche nicht unumschränket sein kann / herstammen. Denn eben hierinnen bestehet der Unterscheid / welcher zwischen GOtt und den Kreaturen ist.

§ 42

Es ist aber auch wahr / daß in GOtt nicht alleine die Quelle der Existenzen / sondern auch der Ursprung derer Wesen / in so weit sie reell sind / oder der Brunnquell desjenigen / welches in denen Möglichkeiten reell ist / verborgen sei; weil nämlich der Verstand Gottes der unumschränkte Umfang derer ewigen Wahrheiten oder derer Ideen ist / von welchen sie dependieren / über dieses auch ohne ihm nichts reelles in denen Möglichkeiten / und nicht alleine nichts würkliches oder existierendes / sondern auch nichts mögliches sein würde.

§ 43

Denn es ist notwendig / daß / wenn eine Realität in denen Wesen oder Möglichkeiten / oder auch in denen ewigen Wahrheiten angetroffen wird / diese Realität in etwas / welches würklich vorhanden ist / und folglich in der Existenz des notwendigen Wesens gegründet sei / in welchem das Wesen die Würklichkeit oder Existenz in sich fasset / oder in welchem es genung ist / daß eine Sache möglich sei / wenn sie würklich soll hervor gebracht werden.

§ 44

Also hat alleine GOtt oder das schlechterdings notwendige Wesen dieses Vorrecht / daß etwas / wenn es möglich ist / würklich an das Licht hervor treten müsse: Und gleichwie nichts die Möglichkeit desjenigen / welches keine Schranken hat / keine Negation und folglich keine Kontradiktion in sich fasset / verhindern kann; so ist dieses alleine zureichend die Existenz und Würklichkeit Gottes a priori zu erkennen / wie wir dann dieselbe auch aus der Realität der ewigen Wahrheiten erwiesen haben.

§ 45

Hiervon kommen wir aber auf den Beweistum / wodurch sotane Existenz a posteriori kann behauptet werden; weil wir wahrnehmen / daß gewisse zufällige Dinge vorhanden sind / welche ihren Haupt-Grund oder ihre zulängliche Raison nirgends anders als in dem notwendigen und selbst-ständigen Wesen / so den Grund seiner Existenz in sich selbst verborgen hat haben können.

§ 46

Unterdessen muß man sich mit einigen nicht einbilden / daß die ewigen Wahrheiten / welche von GOtt dependieren / von seinem Willkür herkämen oder seinem Willen unterwürfig wären / welche Meinung Cartesius und nach ihm Herr Poiret zu haben scheinet. Dieses hat nur bei denen zufälligen Wahrheiten statt; dahingegen die schlechterdings notwendigen Wahrheiten einzig und allein von seinem Verstande dependieren.

§ 47

Also ist alleine Gott die allererste oder urständliche Monade / von welcher alle erschaffene Monaden sind hervorgebracht worden; und diese werden / so zu reden / durch die ununterbrochenen Strahlen oder *fulgurationes* der Gottheit / nach Proportion der eigentümlichen Fähigkeit einer Kreatur / welche ihrem Wesen nach umschränket ist / von einem Augenblick zum andern geboren.

§ 48

Es ist in GOtt die *Macht* / welche die Quelle von allem ist; hernach die *Erkenntnis* / welche den völligen Zusammenhang der Ideen in sich fasset; und endlich der *Wille* / welcher die Veränderungen oder die Schöpfungs-Werke nach denen Regeln der allerbesten und ausbündigsten Ordnung hervorbringet.

§ 49

Hierauf beruhet dasjenige / welches mit demjenigen überein kommet / so bei denen erschaffenen *monadibus* das Fundament ausmachet und in *facultate perceptiva et facultate appetitiva* bestehet. In Gott aber sind diese Eigenschaften schlechterdings unendlich und vollkommen und in denen erschaffenen Monaden oder in denen Entelechiis (oder Perfectihabiis, wie Hermolaus Barbarus dieses Wort übersetzte /) findet man nur eine Nachahmung nach Proportion und nach dem Grad der Vollkommenheit / die sie besitzen.

§ 50

Von denen Geschöpfen saget man / daß sie außer sich *würken* / in so weit sie eine gewisse Vollkommenheit haben / und daß sie von einem andern Dinge etwas *leiden* / in so weit sie unvollkommen sind. Also leget man der Monade die Action oder *die Würkung* bei / in so weit sie distincte oder deutliche Empfindungen hat / und die Passion oder die *Leidenschaft* / in so weit die Perceptionen verwirret oder undeutlich sind.

§ 51

Und eine Kreatur ist vollkommener als eine andere / in so weit man in ihr etwas wahrnimmt / woraus man von demjenigen / welches in einer andern Sache vorgehet / a priori Raison zugeben vermögend ist; und hierdurch saget man / daß sie in eine andere Kreatur würke.

§ 52

In denen simplen Substanzen aber ist nur ein ideeller Einfluß einer Monade in die andere / welcher nur durch die darzwischen kommende Beitretung Gottes seinen Effect tut / in so weit eine Monade in denen Göttlichen Ideen mit Raison fordert / daß Gott bei anfänglicher Einrichtung derer Dinge sie in Betrachtung ziehe. Denn weil eine erschaffene Monade keinen physikalischen Einfluß in das Innere einer andern Monade haben kann; so ist kein anderes Mittel als dieses vorhanden / warum eine von der andern eine Dependenz haben kann.

§ 53

Dahero geschiehet es / daß unter denen Geschöpfen die Würkungen und die Leidenschaften mit einander abwechseln. Denn GOtt findet bei Vergleichung zweier Monaden in einer jeden gewisse Bewegungs-Gründe / welche ihn veranlassen / eine andere nach derselben zu accommodieren; und folglich kann dasjenige / welches bei einseitiger Betrachtung würkend ist / leidend sein / wenn es auf einer andern Seite angesehen und erwogen wird; *würkend* / in so weit dasjenige / welches man an einer Sache deutlich erkennet / darzu dienet / daß man von demjenigen / welches in einem andern Dinge vorgehet / Raison geben kann; und *leidend* / in so weit die Raison von demjenigen / welches in ihr sich eräuget / in demjenigen sich befindet / welches man distinct und deutlich in einer andern erkennet.

§ 54

Gleichwie nun in denen Ideen Gottes unendlich viele mögliche Welt-Gebäude sich vorstellen und abschildern / und nur eines davon existieren kann; so muß von der getroffenen Wahl Gottes eine zulängliche Raison angetroffen werden / welche ihn mehr zu der Hervorbringung des einen als zur sichtbaren Darstellung des andern determiniert hat.

§ 55

Und dieser Bewegungs-Grund kann sich nur in denen verschiedenen Graden der Vollkommenheit / welche sotane Welt-Gebäude in sich fassen / befinden; allermaßen ein jedwedes mögliches Ding das Recht hat / nach dem Maß der Vollkommenheit / so es in sich begreifet / die Existenz zu fordern.

§ 56

Warum aber die allerbeste und ausbündigste Ordnung existieret / davon findet man den Grund in seiner *Weisheit* / welche ihn dieselbe hat erkennen lassen; in seiner *Güte* / welche ihn zur Erwählung derselben bewogen hat / und in seiner *Macht* / wodurch er vermögend gewesen / solche aus dem Unsichtbaren an das Licht zu stellen.

§ 57

Daß er nun alle erschaffene Dinge nach einem jedweden / und ein jedwedes nach allen andern eingerichtet und verfasset hat / solches verursachet / daß eine jede einfache Substanz gewisse Relationen hat / durch welche alle die anderen Substanzen ausgedruckt und abgebildet werden / und daß sie folglich ein beständiger lebendiger Spiegel des ganzen großen Welt-Gebäudes sei.

§ 58

Und gleichwie eine einzige Stadt / wann sie aus verschiedenen Gegenden angesehen wird / ganz anders erscheinet / und gleichsam auf perspectivische Art verändert und vervielfältiget wird; so geschiehet es auch / daß durch die unendliche Menge der einfachen Substanzen gleichsam eben so viele verschiedene Welt-Gebäude zu sein scheinen / welche doch nur so viele perspectivische Abrisse einer einzigen Welt sind / wornach sie von einer jedweden Monade aus verschiedenen Ständen und Gegenden betrachtet und abgeschildert wird.

§ 59

Und dieses ist das Mittel / mit einer Welt so viele Mannigfaltigkeit und Veränderungen / als nur immer möglich sind / zuerhalten / welches aber mit der allerhöchsten Ordnung / so nur kann gedacht werden / geschiehet; das ist / dieses ist das Mittel / eben so viel Vollkommenheit / als nur möglich ist / bei der Erschaffung einer einzigen Welt zu erreichen.

§ 60

Es ist auch keine andere Hypothesis als diese / (von welcher ich mich unterstehe zu sagen / daß sie demonstrativisch oder auf unumstößliche Gründe gebauet sei /) welche die Hoheit und Majestät Gottes nach Würden erhebet; wie dann Herr Bayle dieses selbst gestunde / da er in seinem Dictionnaire (unter dem Artikul / Rorarius,) wieder dieselbe gewisse Einwürfe machte / allwo er auch zu glauben veranlasset wurde / daß ich GOtt allzuviel und mehr / als möglich wäre / beilegte. Er kunte aber keinen Beweis-Grund anführen / warum diese Harmonie und Zusammenstimmung unmöglich wäre / welche verursachet / daß eine jedwede Substanz alle die übrigen vermöge der Relationen, so sie mit ihnen hat / auf eine exacte Art ausdrucket und abschildert.

§ 61

Uberdieses ersiehet man aus demjenigen welches ich aus denen a priori hergeleiteten Beweis-Gründen bereits beigebracht habe / warum die Dinge nicht anders sein können. Weil GOtt bei verfassung des ganzen Welt-Baues einen jeden Teil desselben und insonderheit eine jede Monade / deren Natur repraesentativisch oder so beschaffen ist / daß sie die Dinge in der Welt abzuschildern fähig ist / in Betrachtung gezogen hat; so ist nichts vermögend / die Monade dergestalt einzuschränken / daß sie nur einen Teil von denen existierenden Dingen abschildern sollte; ob es gleich an dem ist / daß diese Abschilderung in der Zergliederung des ganzen Welt-Gebäudes nur undeutlich oder verwirret und keinesweges deutlich oder distinct sein kann / als nur in einem kleinen Teile derer Dinge / das ist / in denenjenigen / welche in Absicht auf eine jedwede von denen Monaden entweder die nächsten / oder die allergrößten sind; allermaßen sonst eine jede Monade eine Gottheit sein müßte. Daß die Monaden ihre gewisse Schranken haben / solches kommet nicht von dem Objekt / sondern von der Modification der Erkenntnis des Objekts her. Die Monaden streben alle auf eine undeutliche Art nach dem unendlichen / sie sind aber nach den Graden der deutlichen Empfindungen oder Perzeptionen eingeschränket und von einander unterschieden.

§ 62

Und die zusammengesetzten Dinge symbolisieren hierinnen mit denen simpeln Substanzen. Denn gleichwie der ganze Raum angefüllet ist / und folglich alle Materie an einander hanget / über dieses auch in dem angefüllten Raume eine jedwede Bewegung ihre Würkung in die entlegenen Körper nach Proportion der Weite dergestalt tut / daß ein jeder Körper nicht alleine von denjenigen / welche ihn berühren / afficieret wird / und dasjenige was ihnen widerfähret / auf gewisse Art empfindet; sondern auch vermittelst derselben auch auf gewisse Manier diejenigen fühlet / welche an die ersten Körper / wovon er unmittelbar berühret wird / stoßen; so folget daraus / daß diese

Kommunikation auf eine jede Distanz / sie sei beschaffen wie sie wolle / sich erstrecke. Und folglich fühlen alle Körper dasjenige alles / was in dem ganzen Welt-Gebäude vorgehet / dergestalt daß derjenige / welcher alles siehet / in einem jedweden alle Veränderungen und Begebenheiten der Welt / und nicht alleine die gegenwärtigen sondern auch die vergangenen und künftigen würde lesen können; indem er in dem gegenwärtigen dasjenige / welches so wohl der Zeit als denen Orten nach entfernet ist / wahrnimmet. Hippocrates sagte: συμπνοια παντα, alles stimmt mit einander überein; alleine eine Seele kann in ihr selbst nur dasjenige lesen / was in ihr deutlich und erkenntlich vorgestellet und abgebildet wird; sie kann nicht alles / was in ihr in einander gewickelt und zusammen gezogen ist / auf einmal auseinander setzen / allermaßen dasselbe unendlich fortgehet.

§ 63

Obgleich also eine jedwede erschaffene Monade das ganze Welt-Gebäude abschildert; so repraesentieret sie doch viel deutlicher denjenigen Körper / von welchem sie insbesondere afficieret wird / und dessen entelechia sie ist. Und gleich wie dieser Körper das ganze Welt-Gebäude vermöge der Verknüpfung aller in dem angefülleten Raume befindlichen Materie ausdrucket; so schildert auch die Seele das ganze Welt-Gebäude ab / indem sie diesen Körper / welcher ihr auf eine so besondere Manier zugehöret / abschildert.

§ 64

Der Körper welcher einer Monade beigeleget ist / und dessen Entelechie oder Seele sie ausmachet / constituieret mit der Entelechie dasjenige / welches man *ein lebendiges Wesen* nennen kann / und mit der Seele dasjenige / welches man ein *Tier* nennet.

§ 65

Nun ist aber dieser Körper eines lebendigen Wesens oder eines Tieres allezeit organisch; denn da eine jede Monade nach ihrer Art ein Spiegel des ganzen Welt-Gebäudes ist / überdieses auch die Welt nach einer vollkommenen und ausbündigen Ordnung verfasset ist; so muß auch eine Ordnung in demjenigen sein / welches dasselbe abschildert / das ist / es muß eine Ordnung in denen Perceptionen der Seele und folglich in dem Körper sein / nach welchem das Welt-Gebäude in derselben vorgestellet und ausgedrucket ist.

§ 66

Dahero ein jedweder organischer Körper eines lebendigen Wesens eine Art von denen Göttlichen Machinen oder natürlichen automatibus ist / welche alle künstliche Automata unendlich übersteiget; allermaßen eine durch menschliche Kunst verfertigte Machine in allen ihren Teilen mechanisch ist. Zum Exempel: die Zähne an einem eisernen Rade haben gewisse Teile oder Stücke / welche in Ansehung unserer nicht weiter etwas künstliches sind / und nichts mehr in sich fassen / welches in Absicht auf den Gebrauch / worzu das Rad bestimmt ist / etwas mechanisches anzeiget. Alleine die Machinen der Natur / das ist / die lebendigen Körper sind auch unendlich fort gewisse Machinen in ihren geringsten Teilgen. Wodurch der Unterscheid / welcher zwischen der Natur und der Kunst / das ist / zwischen denen Göttlichen und Menschlichen Kunst-Werken ist / bestimmt wird.

§ 67

Und der Urheber der Natur hat dieses göttliche und unendliche Wunder in sich fassende Kunst-Stücke ausüben können / weil eine jedwede Portion der Materie nicht alleine unendlicher Weise teilbar ist / wie solches die Alten erkannt haben / sondern auch ein jedweder Teil würklich ohne Ende in andere Teile / deren jeder eine eigene Bewegung hat / wieder aufs neue eingeteilet ist; denn es sonst unmöglich wäre / daß eine jede Portion von der Materie das ganze Welt-Gebäude ausdrucken könnte.

§ 68

Woraus man ersiehet / daß in der geringsten Portion der Materie eine Welt von Geschöpfen / von lebendigen Wesen / von Tieren und Seelen befindlich sein müsse.

§ 69

Eine jedwede Portion der Materie kann als ein Garten voller Pflanzen und Bäume und als ein Teich voller Fische concipieret werden. Alleine ein jeder Ast von einem Baume / ein jedwedes Glied von einem Tiere / ein jedweder Tropfen von seinen humoribus ist ebener maßen dergleichen Garten oder ein solcher Teich.

§ 70

Und obgleich die zwischen die Pflanzen eines Gartens tretende Erde und Luft / oder das zwischen denen Fischen eines Teiches befindliche Wasser / weder Pflanze noch Fisch ist / so fasset doch sotane Erde / Luft und Wasser ebener maßen dergleichen Kreaturen in sich / welche aber sehr öfters von einer unkenntlichen und unvermerklichen Subtilität sind.

§ 71

Also ist nichts unangebauetes / nichts ödes / nichts unfruchtbares / nichts todes in dem ganzen Welt-Gebäude; es ist darinnen kein wüster Klumpen / keine Verwirrung als nur dem äußerlichen Scheine nach. Es hat hiermit bei nahe eben die Bewandtnis / als wie uns ein Teich vorkommen würde / wenn wir ihn nach einer gewissen Distanz betrachteten / nach welcher man eine undeutliche und verwirrte Bewegung und / so zu reden / ein unordentliches Wimmeln derer Teich-

Fische erblicken würde / ohne daß man die Fische selbst von einander zu unterscheiden vermögend wäre.

§ 72

Man ersiehet hieraus / daß ein jedweder lebendiger Körper mit einer gewissen und die Oberhand in demselben habenden Entelechie begabt sei / welche die Seele in dem Tiere ist; die Gliedmaßen aber von diesem lebendigen Körper sind voller anderer lebendigen Geschöpfe / voller Pflanzen / voller Tiere / wovon ein jedwedes ebenermaßen seine Entelechie oder herrschende Seele hat.

§ 73

Man muß sich aber mit einigen / welche meine Gedanken übel gefasset haben / nicht einbilden / daß eine jedwede Seele eine gewisse Massam oder Portion von der Materie / welche ihr allezeit eigentümlich und so zu reden anklebend wäre / an sich habe und daß sie folglich andere geringere und zu ihrem beständigen Dienste gewidmete lebendige Dinge besitze. Denn alle Körper sind / wie Ströme / in einem stetigen Ab- und Zuflusse / allwo ohne Unterlaß gewisse Teile hineinfließen / gewisse aber heraus treten.

§ 74

Also verändert die Seele ihren Körper nur nach und nach und stufenweise / dergestalt daß sie niemals auf einmal aller ihrer organorum entblößet und beraubet wird; wie dann öfters in denen Tieren eine Metamorphosis oder Veränderung der Forme / niemals aber weder eine Metempsychosis noch transmigration der Seelen vorgehet / noch weniger auch Seelen angetroffen werden / welche von aller Materie durchgängig abgesondert wären.

§ 75

Eben dieses verursacht auch / daß niemals eine völlige Generation, noch ein vollkommener Tod / wann beides genau genommen wird / in der Natur vorgehen könne. Und dasjenige was wir die Zeugung zu nennen pflegen / ist nichts anders als eine Evolution[2] und ein Wachstum; gleichwie hingegen dasjenige / welches man den Tod heißet / eine gewisse Art der Involution[3] und der Abnahme oder Verminderung ist.

§ 76

Die Weltweisen sind in der Untersuchung der *formarum*, der *Entelechien* oder Seelen sehr verwirret worden; da man aber heutiges Tages durch sorgfältige und genaue Nachforschung / so man über die Pflanzen / Insecten und Tiere angestellet / wahr genommen hat / daß diese organische Körper der Natur niemals aus einem wüsten und umgeformten Klumpen / oder aus einer Fäulnis / sondern allezeit aus gewissen Samen / in welchem ohne Zweifel die Formen der Pflanzen / der Tiere / der Insecten vorhero bereits verborgen liegen / hervorgebracht und gezeuget würden; so hat man geurteilet / daß nicht alleine der organische Körper schon vor der Conception darinnen wäre / sondern auch eine Seele in diesem Körper und mit einem Worte / das Animal selbst angetroffen werde; und daß vermittelst der Conception dieses Tier zu einer großen transformation nur sei geschickt gemacht worden / um dadurch ein Tier von einer andern Art zu werden. Man verspüret auch außer der Generation etwas gleichförmiges / als wenn zum Exempel aus denen Würmern gewisse Fliegen / und aus denen Raupen Schmetterlinge hervorkommen.

2 *un developpement*
3 *un enveloppement.*

§ 77

Die Tiere / worunter einige zu dem Grad der größten Tiere durch das Mittel der Conception elevieret werden / kann man *spermatische* nennen. Aus denenjenigen aber / welche in ihrer Art oder Gattung verbleiben / sind einige / die geboren werden / sich vervielfältigen und wieder verfallen wie die großen Tiere; und es gibt nur eine kleine Anzahl von denjenigen / welche zu Folge einer gewissen Absonderung oder Wahl auf einen weit größern Schau-Platz treten.

§ 78

Dieses aber wäre nur die Hälfte von der Wahrheit / welche wir allhier zu befestigen suchen: dahero habe ich geurteilet / daß wenn die Tiere niemals natürlicher Weise ihren Anfang nehmen / sie auch ebener maßen niemals natürlicher Weise ihr Ende nehmen; und daß nicht alleine keine Generation, sondern auch weder eine völlige Destruction, noch ein Tod sein könne / wenn er im genauen Verstande genommen wird. Und diese Vernunft-Schlüsse / welche a posteriori gemacht und aus denen Erfahrungen hergeleitet werden / stimmen mit meinen oben beigebrachten und a priori behaupteten Grund-Wahrheiten vollkommen überein.

§ 79

Also kann man sagen / daß nicht alleine die Seele / welche ein Spiegel des unverderblichen und unzuzernichtenden Welt-Gebäudes ist / ebenfalls dem Untergange nicht unterwürfig sei / sondern daß auch das Tier selbst diese Eigenschaft habe / obgleich seine Machine sich öfters zerteilet / verfället und untergehet; und ob es gleich gewisse organische Kleider entweder ableget oder wieder an sich nimmet.

§ 80

Diese Principia haben mir das Mittel an die Hand gegeben / wodurch man die Vereinigung oder Übereinstimmung der Seele mit dem Körper natürlicher Weise erklären kann. Die Seele folget ihren eigenen Gesetzen / und der Körper ebener gestalt denen seinigen; und beide treffen zusammen kraft der Harmonie / welche unter allen Substanzen voraus festgestellet ist / allermaßen sie durchgängig gewisse Abrisse von einerlei Welt-Gebäude sind.

§ 81

Die Seelen würken nach denen Gesetzen der Final-Ursachen vermöge der Begierden / Absichten und derer hierauf abzielenden Mittel. Die Körper verrichten ihre Würkung nach denen Gesetzen der causarum efficientium oder der Bewegungen. Und die *zwei Reiche* / in deren einem die würkenden Ursachen / in dem andern die Final-Ursachen beobachtet werden / sind unter sich *harmonisch*.

§ 82

Cartesius hat erkannt / daß die Seelen denen Körpern keine Kraft mitteilen könnten / weil allezeit einerlei Quantität der Kraft in der Materie vorhanden wäre. Unterdessen hat er geglaubet / daß die Seele die Direktion oder Stellung der Körper verändern könnte; solches aber ist um deßwillen geschehen / weil man zu seiner Zeit das Gesetz der Natur / welches mit sich bringet / daß auch einerlei Direktion in der ganzen Materie erhalten wird / noch nicht eingesehen hat. Wann er dieses Gesetze wahrgenommen hätte / so würde er auf mein Systema harmoniae praestabilitae geraten sein.

§ 83

Vermöge dieses Systematis geschiehet es / daß die Körper eben so würken / als wenn (gesetzten unmöglichen Falls) gar keine Seelen wären / und daß die Seelen ihre Würkungen verrichten / als wenn gar kein Körper vorhanden wäre / und daß beide auf solche Art agieren als wenn das eine einen Einfluß in das andere ausübete.

§ 84

Was die Geister oder vernünftigen Seelen anbetrifft / ob ich gleich befinde / daß bereits beigebrachter maßen bei allen mit einem Leben begabten Dingen und animalibus dem Grunde nach einerlei angetroffen werde / nämlich / daß die Animalia und die Seelen weder einen Anfang als mit der Welt / noch ein Ende als mit derselben haben können; so ist doch dieses als etwas besonderes in denen vernünftigen animalibus wahrzunehmen / daß ihre kleinen animalia spermatica, in so weit sie nichts anders als dieses sind / nur ordinaire oder sensitive Seelen haben; und daß hingegen von ihnen diejenigen / welche / so zu reden / hierzu erwählet sind / durch eine wirkliche Conception zu der Menschlichen Natur gelangen / indem ihre sensitive Seelen zu dem Grad der Vernunft und zu dem Vorzuge der Geister erhaben werden.

§ 85

Unter andern Arten des Unterscheids / welche sich zwischen denen ordinairen Seelen und denen Geistern befinden / und wovon ich bereits einen Teil angemerket habe / ist doch dieser merkliche Unterscheid zu beobachten / daß die Seelen überhaupt lebendige Spiegel oder Abbildungen des ganzen Umfangs der Kreaturen oder des Welt-Gebäudes sein; hingegen daß die Geister auch überdem gewisse portraits der Gottheit selbst oder des Urhebers der Natur sind / welche die Fähigkeit haben / den Bau der großen Welt zu erkennen und denselben durch die nach der Bau-Kunst eingerichtete und aufgeführte Muster einiger maßen zu imitieren; indem ein jedweder Geist in seinem Bezirk gleichsam eine kleine Gottheit ist.

§ 86

Hierdurch geschiehet es / daß die Geister geschickt sind / mit GOtt in eine gewisse Art der Societät zu treten / und daß er in Ansehung ihrer nicht alleine dasjenige / wovor ein Erfinder in Absicht auf seine Machine gehalten wird / dergleichen GOtt in Betrachtung aller Geschöpfe ist; sondern auch dasjenige ist / was ein Prinz in Relation auf seine Untertanen / und was ein Vater in regard seiner Kinder ist sein muß.

§ 87

Woraus man auch leichtlich schließen kann daß aus der völligen Zusammennehmung aller Geister die *Stadt Gottes* / das ist der allervollkommenste und allerausbündigste Staat welcher nur unter dem allervollkommensten Monarchen möglich ist / bestehen und erwachsen müsse.

§ 88

Diese Stadt Gottes / diese Monarchie / welche in der Tat allgemein ist / ist eine *moralische* Welt in der *natürlichen* Welt. Sie ist unter denen Werken Gottes dasjenige / welche die Hoheit und die Gottheit am meisten ausdrucket. In ihr bestehet die wahre Ehre des Schöpfers; weil die Ehre nicht kann statt finden / wenn seine Größe und seine Güte von denen Geistern nicht erkannt und bewundert würde. Es ist auch diese Stadt Gottes dasjenige / woraus man seine Güte eigentlich erkennen kann; da hingegen seine Weisheit und seine Macht sich überall zu Tage legen.

§ 89

Gleichwie wir oben unter denen natürlichen Reichen / deren eines sich auf die causas efficientes, das andere auf die causas finales stützet / eine Harmonie dargetan haben; so müssen wir allhier auch eine andere Harmonie unter dem Physikalischen Reiche der Natur und unter dem moralischen Reiche der Gnade anmerken / das ist / in so weit Gott als ein Erbauer der ganzen Welt-Machine betrachtet / und in so weit er als ein Monarche der Göttlichen Stadt der Geister angesehen wird.

§ 90

Aus dieser Harmonie erfolget / daß die Dinge durch die Wege der Natur selbst zur Gnade führen / und daß / zum Exempel / diese Erd-Kugel in dem Augenblick / da solches die über die Geister sich erstreckende Regierung erfordert / so wohl zu ihrer Bestrafung als Belohnung müßte destruieret und wieder hergestellet werden.

§ 91

Man kann auch sagen / daß Gott als ein Erbauer und Verfasser der Welt / sich als einem Gesetzgeber und Regenten ein völliges Gnügen tue / und daß also die Laster nach der Ordnung der Natur und vermöge der mechanischen Struktur der Dinge ihre Strafen auf dem Rücken mit sich führen; daß auch die guten actiones ihre Belohnung auf mechanische Manier in Absicht auf den Körper sich zuziehen; obgleich beides nicht allezeit also fort darauf weder geschehen kann noch muß.

§ 92

Es wird endlich unter dieser vollkommenen Regierung keine gute Tat unvergolten / und keine böse unbestraft bleiben / und alles muß zum Besten der Frommen ausschlagen / das ist / derjenigen / welche in diesem großen Staat nicht unter die Anzahl der Mißvergnügten gehören / sich nach ihrer beobachteten Schuldigkeit auf die Göttliche Vorsorge verlassen und den Urheber alles Guten gebührender maßen lieben und nachahmen; indem sie in der Betrachtung seiner Vollkommenheiten ihre Lust haben und zwar nach der Natur der *wahrhaftig reinen Liebe* / wodurch man bewogen wird / daß man aus der Glückseligkeit desjenigen / den man liebt / seine Vergnügung schöpfet. Dieses treibet die weisen und tugendhaften Personen an / daß sie nach allem demjenigen streben und arbeiten welches dem vorhergehenden oder praesumtiven Willen Gottes[4] gemäß zu sein scheinet / und daß sie sich unterdessen mit demjenigen begnügen / was ihnen GOtt vermöge seines geheimen Schluß-Willens[5] würklich widerfahren läßt; indem sie gar wohl erkennen / daß / wenn wir die Ordnung der Welt zur Gnüge verstehen könnten / wir befinden würden / daß dieselbe alles Wünschen / alles Verlangen der weisesten übersteige und daß es unmöglich sei / daß dieselbe besser sein könne / so wohl in Ansehung des ganzen Welt-Gebäudes / als auch in Betrachtung auf uns insonderheit / so ferne wir uns an den Urheber aller Dinge halten / nicht alleine in so weit er der Erbauer der Welt und die würkende Ursache unsers Wesens ist / sondern auch in so weit er unser Ober-Herr und die Final-Ursache ist / worauf unser Wille einzig und alleine abzwecken sollen und außer dem unsere Glückseligkeit nicht befördert werden kann.

---

4   *Voluntas antecedens*
5   *Voluntas consequens*

Biographie

1646 *1. Juli:* Gottfried Wilhelm Leibniz wird in Leipzig geboren. Sein Vater ist Professor für Moralphilosophie an der Leipziger Universität.
Der junge Leibniz besucht die Nicolaischule und erwirbt historische und philologische Kenntnisse, dann widmet er sich der Philosophie und vor allem der Logik. Er studiert Luthers Buch über die Sklaverei des Willens (»De servo arbitrio«) und andere theologische Schriften

1661 Leibniz nimmt das Studium der Rechtswissenschaft an der Universität Leipzig auf. Jedoch beschäftigt er sich hauptsächlich mit Philosophie: Platon, Aristoteles, Plotin, die Scholastiker. Besonders beeinflusst wird er durch seinen Professor Thomasius; bei ihm studiert er Geschichte der Philosophie und Mathematik.

1663 Mit der Dissertation »De principio individui« erwirbt Leibniz den untersten akademischen Grad. Auf den Rat von Strauch begibt er sich zu einem Kurzaufenthalt an die Jenaer Universität. Dort studiert er Mathematik unter der Leitung Weigels.

1664 Leibniz kehrt nach Leipzig zurück.
Mit der Abhandlung »Specimen difficultatum in jure seu quaestiones philosophicae amoeniores es jure collectae« erwirbt er den Magistergrad in der Philosophie. Außerdem schreibt er »Meditationes de cognitione, veritate et ideis«.

1666 *7. März:* Für die Berechtigung, in der philosophischen Fakultät einen Platz einzunehmen, qualifiziert sich Leibniz mit der Abhandlung »Disputatio arithmetica de complexionibus«. Es handelt sich hierbei um einen Teil des größeren Werkes »De arte combinatoria«.
Leibniz verläßt Leipzig, da er wohl auf Grund seines jugendlichen Alters auf Widerstände bei der Erlangung des Doktorgrades der Jurisprudenz stößt.

Er wechselt auf die Nürnbergische Universität Altdorf. Dort wird er zur Prüfung zugelassen und verteidigt seine Abhandlung »De casibus perplexis in iure« (Über verwickelte Rechtsfälle).

Leibniz wird Doktor der Jurisprudenz. Ihm wird eine Professur an der Hochschule angeboten, die er aber ausschlägt.

1667 Begegnung mit dem Baron Johann Christian von Boineburg (ehemaliger Minister des Kurfürsten Johann Philipp von Mainz) in Nürnberg. Boineburg zieht Leibniz in kurmainzische Dienste und veranlaßt ihn, nach Frankfurt zu gehen.

Die Schrift »Nova methodus discendae docendaeque iurisprudentiae« (Neue Methode, die Jurisprudenz zu lernen und zu lehren) wird dem Kurfürsten gewidmet. Leibniz bekleidet die Stelle eines Kurfürstlichen Rats in Mainz.

1670 Leibniz gibt die Schrift des Nizolius »De veris principiis et vera ratione philosophandi« von 1553 neu heraus.

1672 Leibniz reist nach Paris, um Ludwig XIV. den Plan eines Feldzugs der Franzosen nach Ägypten zu unterbreiten, um ihn von Holland und Deutschland abzulenken. Der Plan scheitert jedoch.

Er nimmt Kontakt zu den von Descartes beeinflußten Philosophen Malebranche, Arnauld u.a. und zu Mathematikern und Naturforschern auf.

Er vertieft sich in die durch Descartes, Pascal u.a. auf den Weg gebrachte höhere mathematische Analysis. Sein eigentlicher Lehrer in der Mathematik ist jedoch Huygens.

1673 Erste Reise nach London. Dort macht Leibniz Bekanntschaft mit Newton, Boyle, Oldenburg u.a. Er wird in die Royal Society aufgenommen.

Der Antrag seitens des Kurfürsten von Hannover Johann Friedrich, in seine Dienste zu treten, wird zunächst abgelehnt.

1675 Wieder in Paris betreibt Leibniz intensive Studien zur Infinitesimalrechnung.

Er konstruiert eine Rechenmaschine.

1676	Zum zweitenmal reist Leibniz nach England. Dort macht er die Bekanntschaft Collins. Johann Friedrich erneuert seinen Vorschlag und macht Leibniz das berufliche Angebot eines Bibliothekars und Mitgliedes des Ratskollegiums. Dieser nimmt an und reist über Holland, wo er Spinoza in Den Haag aufsucht, nach Deutschland zurück. Ende des Jahres trifft Leibniz in Hannover ein.
1677	»Über das Hoheits- und Gesandtschaftsrecht der deutschen Fürsten«.
1678	Leibniz wird Hofrat, später Geheimer Justizrat.
1679	Kurfürst Johann Friedrich stirbt, Ernst August tritt die Regierung an. Während der nächsten Jahrzehnte arbeitet Leibniz an der Geschichte des Braunschweigischen Fürstenhauses.
1684	»Nova methodus pro maximis et minimis«.
1686	»Discours de métaphysique« (Metaphysische Abhandlung). »De geometria infinitorum«.
1687	Fast drei Jahre lang reist Leibniz durch Deutschland und Italien, um Quellenstudien zu treiben. In Rom macht er die Bekanntschaft des Missionars Grimaldi, der ihm später über die Philosophie der Chinesen reichliche Aufschlüsse zukommen läßt.
1688	In Wien wird ein kaiserliches Kriegsmanifest gegen Ludwig XIV. aufgesetzt.
1689	Leibniz besucht Neapel und begibt sich über Florenz und Bologna zum zweiten Mal nach Modena, wo er die Verwandtschaft zwischen dem welfischen Fürstenhaus und den Herzögen von Este in Urkunden entdeckt.
1690	Leibniz kehrt über Venedig und Wien nach Hannover zurück.
1691	Er wird Bibliothekar in Wolfenbüttel.
1692	Hannover wird zur neunten Kurwürde erhoben.
1693	Der erste Band der Urkundensammlung (»Codex gentium diplomaticus«) erscheint; es folgen die zwei Bände der

»Historischen Zugaben« (»Accessiones historicae«). Zu Beginn des neuen Jahrhunderts erscheint die zweite Quellensammlung. Das Hauptwerk allerdings, die »Annales rerum Brunsvicensum« oder »Annales imperii occidentis Brunsvicensis«, ist nicht vollendet worden.

1695 »Système nouveau de la nature«.

1697 Leibniz beteiligt sich erfolglos an den Verhandlungen betreffs der Vereinigung der Lutheraner und der Reformierten.
»De rerum originatione radicali«.

1698 Kurfürst Ernst August stirbt. Georg Ludwig, später Georg I. von Großbritannien, tritt die Regierung an. Über die seit 1684 mit dem Kurprinzen Friedrich von Brandenburg vermählte Prinzessin Sophie Charlotte nimmt Leibniz fortan Einfluß auf den preußischen Staat.
»De ipsa natura«.

1700 Leibniz wird Präsident auf Lebenszeit bei der »Societät der Wissenschaften«, der nachherigen Akademie der Wissenschaften in Berlin, zu deren Gründung er maßgeblich beigetragen hat.
L. ruft verschiedene Zeitschriften ins Leben, z.B. die »Acta eruditorum« in Leipzig und den »Monatlichen Auszug« in Hannover.

1704 »Nouveaux essais sur l'entendement humain« (Neue Abhandlungen über den menschlichen Verstand) entsteht als Gegenschrift zu Lockes Werk »An essay concerning human understanding« (Versuch über den menschlichen Verstand), wird aber erst 1765 gedruckt.

1705 Königin Sophie Charlotte stirbt.
»Considérations sur le principe de la vie et sur les natures plastiques«.

1710 Es erscheinen »Miscellanea Berolinensia«, ein Sammelband gelehrter Abhandlungen, und »Essais de Théodicée«, die gegen Bayle gerichtet und aus den Gesprächen mit Sophie Charlotte hervorgegangen sind.

1711	Leibniz macht die Bekanntschaft Peters des Großen, des Zaren von Rußland.
	Er nimmt die Gründung einer Akademie in Rußland in Aussicht, welche später dann auch in Petersburg zustande kommt.
	Er verfaßt eine Reihe von Denkschriften, z.B. über die Reform der russischen Gerichtsordnung.
1712	Leibniz wird vom deutschen Kaiser zum Reichshofrat ernannt.
1712-14	Leibniz lebt in Wien.
1714	»La Monadologie« (»Monadologie«).
	»Principes de la nature et de la grace«, verfaßt für den Prinzen Eugen.
	Leibniz fällt beim Braunschweigischen Hof in Ungnade.
1716	*14. November:* Leibniz stirbt in Hannover.

Lektürehinweise

K. Müller, G. Krönert, Leben und Werk von Gottfried Wilhelm Leibniz. Eine Chronik, Frankfurt a.M. 1969.

H. Poser, Gottfried Wilhelm Leibniz, in: Klassiker der Philosophie, hg. v. O. Höffe, Bd. 1, München 1981.

Dekadente Erzählungen

Im kulturellen Verfall des Fin de siècle wendet sich die Dekadenz ab von der Natur und dem realen Leben, hin zu raffinierten ästhetischen Empfindungen zwischen ausschweifender Lebenslust und fatalem Überdruss. Gegen Moral und Bürgertum frönt sie mit überfeinen Sinnen einem subtilen Schönheitskult, der die Kunst nichts anderem als ihr selbst verpflichtet sieht.

Rainer Maria Rilke Die Aufzeichnungen des Malte Laurids Brigge **Joris-Karl Huysmans** Gegen den Strich **Hermann Bahr** Die gute Schule **Hugo von Hofmannsthal** Das Märchen der 672. Nacht **Rainer Maria Rilke** Die Weise von Liebe und Tod des Cornets Christoph Rilke

ISBN 978-3-8430-1881-4, 412 Seiten, 29,80 €

Erzählungen aus dem Sturm und Drang

Zwischen 1765 und 1785 geht ein Ruck durch die deutsche Literatur. Sehr junge Autoren lehnen sich auf gegen den belehrenden Charakter der - die damalige Geisteskultur beherrschenden - Aufklärung. Mit Fantasie und Gemütskraft stürmen und drängen sie gegen die Moralvorstellungen des Feudalsystems, setzen Gefühl vor Verstand und fordern die Selbstständigkeit des Originalgenies.

Jakob Michael Reinhold Lenz Zerbin oder Die neuere Philosophie **Johann Karl Wezel** Silvans Bibliothek oder die gelehrten Abenteuer **Karl Philipp Moritz** Andreas Hartknopf. Eine Allegorie **Friedrich Schiller** Der Geisterseher **Johann Wolfgang Goethe** Die Leiden des jungen Werther **Friedrich Maximilian Klinger** Fausts Leben, Taten und Höllenfahrt

ISBN 978-3-8430-1882-1, 476 Seiten, 29,80 €

Erzählungen aus dem Sturm und Drang II

Johann Karl Wezel Kakerlak oder die Geschichte eines Rosenkreuzers **Gottfried August Bürger** Münchhausen **Friedrich Schiller** Der Verbrecher aus verlorener Ehre **Karl Philipp Moritz** Andreas Hartknopfs Predigerjahre **Jakob Michael Reinhold Lenz** Der Waldbruder **Friedrich Maximilian Klinger** Geschichte eines Teutschen der neusten Zeit

ISBN 978-3-8430-1883-8, 436 Seiten, 29,80 €